W0239857

PENSION – LUST ODER FRUST?

Leopold Stieger

Pension

Lust oder Frust?

Mit Cartoons von
Kristian Philipp

Bibliografische Information der Deutschen Nationalbibliothek
Die Deutsche Nationalbibliothek verzeichnet diese Publikation in der Deutschen Nationalbibliografie; detaillierte bibliografische Daten sind im Internet über http://dnb.de abrufbar.

Alle Rechte, insbesondere das Recht der Vervielfältigung und Verbreitung sowie der Übersetzung, vorbehalten. Kein Teil des Werkes darf in irgendeiner Form (durch Fotokopie, Mikrofilm oder ein anderes Verfahren) ohne schriftliche Genehmigung des Verlages oder des Autors reproduziert oder unter Verwendung elektronischer Systeme gespeichert, verarbeitet, vervielfältigt oder verbreitet werden.

3., aktualisierte Auflage
© 2017 by Leopold Stieger, Wien
www.seniors4success.at
www.newacademicpress.at

ISBN: 978-3-99036-015-6

Cartoons von Architekt DI Kristian Philipp, St. Michael im Lungau

Cover und Satz: Peter Sachartschenko
Druck: CPI buch bücher.de

Inhalt

EINE - MEINE - LEBENSENTSCHEIDUNG

Vorwort

Herzlichen Glückwunsch: Sie sind an der Schwelle zur größtmöglichen Chancen-Realisierung ihres Lebens angekommen. Jetzt können Sie Ihre Lebensernte in Ihre Scheunen einbringen und haben die Wahl, sie dort sicher zu versperren oder sie zu öffnen, um sie langfristig zu nützen.

Lust oder Frust in Ihrer Pension? Die Antwort gibt nicht ein Orakel oder eine Lotterie, sondern nur Sie selbst. Von Ihnen hängt es ab, ob Sie die Zeit, die Sie noch vor sich haben, in Ihren Augen als gelungen betrachten – oder nicht. Es ist Ihre Entscheidung. Diese Streitschrift will Ihnen Argumente vermitteln, damit Sie Ihre bisherigen Überlegungen prüfen und Ihre Entscheidung fundiert treffen können. Es geht um nichts anderes als um Ihr Leben.

Heutzutage haben wir bei Pensionsantritt noch etwa ein Viertel unseres Lebens vor uns, manche sogar noch ein Drittel. Historisch gesehen ist das völlig neu. Jedoch passen sich viele Österreicher an diese Realität nur sehr langsam an, weil uns immer noch das Bild aus der Vergangenheit prägt und wir eher in den Rückspiegel blicken, als auf das, was vor uns liegt. So gilt es, eine relativ große Periode nach dem Übergang zu gestalten und sich zu fragen: „Was fange ich mit der verbleibenden langen Lebenszeit nach dem Berufsende an?“

Das Bild vieler Österreicher im Alter ist noch immer von den vergangenen Erfahrungen geprägt: Wie war das damals, wie haben es unsere Vorfahren gemacht, und wie nütze ich diese Erfahrung? Da sich dieses Bild vom Alter in den vergangenen Jahren in Österreich nur sehr langsam der Realität angepasst hat, stehen wir heute an einem Punkt, wo uns andere Länder zeigen, was man tun könnte. Wenn schon die politischen Entscheidungsträger nicht aktiv werden: Niemand kann uns verwehren, es selbst und mit uns anders zu machen. Dazu möchte dieses Buch Anregungen geben und Mut machen, die Zukunft selbst in die Hand zu nehmen.

Ich habe mich vor mehr als einem Jahrzehnt entschieden, meine Arbeit auf die Zielgruppe der Menschen „rund um die Pensionierung“ zu konzentrieren. Es war die Geburtsstunde der Plattform Seniors4success (www.seniors4success.at), die nunmehr Ratgeber und Anlauflaufstelle für Personen vor und in der Pension sein soll und deren Umfrageergebnisse in dieses Buch einfließen. Ich freue mich, wenn die folgenden Seiten Ihnen eine Anregung geben, Sie vielleicht auch zum Schmunzeln bringen und Sie Freude daran haben, diese kommende Lebensphase persönlich und auf eigene Faust zu erkunden und zu nützen.

Einige Vorbemerkungen sind mir wichtig:

Wenn Sie als Leser feststellen, dass manchmal nur das männliche Geschlecht angesprochen ist, bitte ich Sie um Verständnis: Natürlich ist jede Aussage über Pensionisten auch über Pensionistinnen gedacht, also stets beide Geschlechter.

Pension oder Rente? In Deutschland kennt man den Begriff „Pension“ kaum, weil es dort „Rente“ heißt, in Österreich ist es genau umgekehrt. Aber es ist so wie mit einem Kochbuch: In Österreich kennt man kaum Meerrettich, Quark, Aprikose oder Eisbein, in Deutschland dafür Kren,

Topfen, Marille oder Stelze praktisch nicht. Da das Buch in Österreich entstanden ist, bitte ich Sie, Pension für Rente zu akzeptieren.

Wenn es im Text „In der Regel“ heißt, sind die Aussagen stets „grundsätzlich“ zu sehen und können nicht auf individuelle Gegebenheiten eingehen.

Gute Gedanken beim Lesen wünscht Ihnen

Leopold Stieger

1. Unser Chancen-Potpourri

Quer durch unser Land zieht sich eine Grenze, die zwei Weltanschauungen, zwei Lebensbilder der Bevölkerung trennt: Einige sind auch noch im hohen Alter rüstig, unternehmen viel und erbringen ohne viel Rücksicht auf ihr Lebensalter überraschende Leistungen, andere aber begeben sich mit dem Ende ihres Berufslebens in die Hängematte und sagen sich, 45 Berufsjahre mit Arbeit sind genug, jetzt will ich nur mehr mein Leben genießen. Überraschenderweise kommen sich diese beiden Gruppen wenig in die Haare, weil sie aus Überzeugung die andere Lebensweise ablehnen oder deren Standpunkt gar nicht verstehen.

Das Älterwerden wird heute anders wahrgenommen als zur Zeit unserer Eltern und Großeltern. Die Generation 50+ findet sich mittlerweile auch in der Werbung und ist zu einem wesentlichen Marktfaktor geworden, ganz im Sinne von fit, fähig und frei. Trotzdem wird das Älterwerden nicht sehr positiv bewertet, und wir begegnen dem neuen Lebensabschnitt weiterhin mit gemischten Gefühlen oder falschen Hoffnungen.

Jahr für Jahr verging in der Hoffnung, dass ein akuter Fachkräftemangel die Unternehmen zwingen wird, radikal umzudenken, um die Älteren länger zu halten und mit für sie spezifischen Aufgaben zu beschäftigen. Das Resümee: Es hat sich fast nichts getan! Und Unternehmen lassen die älteren Mitarbeiter leichtfertig gehen, ohne zu bedenken, welches Wissen, welcher Erfahrung da bei der Tür hinaus geht. Sie können dieses Wissen nicht halten und weiter nützen.

Ältere können mehr, das werden wir in den nächsten Kapiteln noch genauer sehen. Auch wenn das Unternehmen noch nicht sehen: Der „Besitzer“ dieser Talente hat allen Grund, darauf stolz zu sein. Das Gleichnis aus der Hl. Schrift, wo der Grundherr auf Reisen geht und seinen Mitarbeitern fünf, zwei und ein Talent übergibt, spricht eine klare Sprache: Der Erste macht daraus fünf weitere, der Zweite zwei weitere und der Dritte gräbt es ein, damit es nicht verloren geht. Diesen verurteilt der Herr bei seiner Rückkehr, die beiden anderen lobt er. Für mich ist das das schönste Evangelium zu unserem Thema (Mt 25, 14–30).

D. S. Ahlander hat ein Buch geschrieben, dessen Titel schon eine Anregung für unser Leben sein kann: „Das Leben ist vor dem 12. und nach dem 65. Lebensjahr am besten“. Im Umschlagtext schreibt er: „Kein Grund also für schlechte Laune, Verbitterung oder Selbstmitleid. Freuen Sie sich auf diese Zeit – man wird schließlich nur einmal Rentner“.

Öfters erhalte ich Mails von älteren Arbeitslosen, die mir klagen, dass sie bereits 100 Bewerbungen verschickt haben, aber keine Anstellung gefunden haben. Vorsichtig antworte ich, ob sie ihre Bewerbung auf das Unternehmen und vor allem auf ihre Talente abgestimmt haben, und lade sie ein, mir eine Liste der gefundenen Fähigkeiten zu senden. Ab diesem Zeitpunkt ist Funkstille, sie antworten nicht. Dabei ginge es darum, dass ein Tischler bei seiner Bewerbung die beruflichen Fähigkeiten beschreibt, darüber hinaus aber auch seine sonstigen Talente, etwa Kenntnisse in Farbenlehre, in EDV, in einer Fremdsprache, in Musik, im Verkauf etc. Ein so gebündeltes Angebot wird von einem Personalchef zumindest gelesen. Ein Standard-Angebot würde ihn zwingen, sich den Kopf zu zerbrechen, was der Bewerber noch kann. Das tut er sich nicht an.

Ältere haben ein Bündel an Fähigkeiten, wenn sie selbst daran glauben.

2. Die Älteren laufen schneller

Eigentlich heißt der Spruch: Die Jungen laufen schneller, die Älteren kennen die Abkürzung. Aber es erinnert an den Wettlauf von Hase und Igel. Der Spruch stammt von der angesehenen 84-jährigen deutschen Altersforscherin Prof. Ursula Lehr. Sie ist sich ganz sicher, dass ältere Menschen ein großes Potenzial haben. Sie werden im Job gebraucht – und wo sie herausgedrängt werden, sollen sie nicht aufgeben, sondern sich neue Aufgaben suchen. Der obige Spruch besagt, dass die Fähigkeiten eines Menschen nicht immer die gleichen sind. Junge können einen Sack Zement heben und kennen sich mit Twitter und Facebook in Multiplikation aus. Aber was können Ältere, was die Jugend nicht kann? Was wird mit dem Älterwerden mehr?

Unser Denken ist seit der Schulzeit von den Defiziten geprägt: Unsere Lehrer haben vielfach nur nach den Fehlern bei einer Schularbeit gesucht, aber sehr selten nach den Stärken, nach all dem, was neben den Fehlern richtig war. Der rote Stift war für die Fehlersuche, aber es gab keinen grünen, der angezeichnet hätte, was gewusst wurde oder was gelungen war. Diese grüne Farbe fehlt uns. Deshalb fällt es uns gar nicht leicht, bei uns selbst Stärken zu erkennen und zu nennen, weil uns diese Potenzialorientierung nicht vertraut ist.

Aus verschiedenen Workshops und Fachartikeln stammen mehr als 250 unterschiedliche Stichworte zur Frage, was im Alter mehr wird. Dabei ist stets überraschend, dass Workshop-Teilnehmer zunächst auf die Frage nach „was wird mehr" keine Antwort bereit haben (außer „Wehwehchen") und man in erstaunte Gesichter blickt, nach intensiverem Hinterfragen aber rasch viele Ideen kommen. Die Antwort liegt bei jedem Einzelnen: Wer nicht daran glaubt, kann auch keine Stärken bei sich selbst finden.

Aus diesen Stichworten hat Seniors4success in einer großen Online-Umfrage insgesamt 20 Oberbegriffe zur Auswahl formuliert und zur Reihung eingeladen. 2052 Personen haben bisher mitgewirkt und aus dieser Liste die wichtigsten ausgesucht, die ihrer Meinung nach am stärksten gewachsen sind:

- Sinn des Lebens: Erkenntnis, worauf es im Leben wirklich ankommt, Wahrnehmung der Endlichkeit
- Erfahrung: Berufliche Kenntnisse, variationsreiche Reaktionsmöglichkeit, aus Fehlern gelernt
- Weisheit: Klugheit, Reife, Geduld, Lebenserfahrung, Vertrauen in die eigenen Fähigkeiten
- Unabhängigkeit: Freiheit zum Handeln, Gelassenheit
- Für andere da sein: Mentor, Coach, Väterlich-/Mütterlichkeit, Klagemauer, anderen Orientierung geben

- Zeitbudget: Selbstbestimmte Zeitgestaltung, Entschleunigung, bewussteres Leben
- In Zusammenhängen denken: Entwicklungen überblicken, einschätzen, Einsicht in Relativität und Komplexheit, vernetztes Denken

Die Älteren laufen nicht wirklich schneller, aber sie kennen die Abkürzungen und machen es eben anders als die Jungen. Das Wissen um all die Abkürzungen, die wir beherrschen, macht das Altwerden spannend und reich an Potenzialen. Mit diesem Bewusstsein und dem Erkennen des eigenen Selbstwerts werden sich neue Türen öffnen.

Der vielleicht bekannteste Altersforscher, Paul Baltes, hat in seinen Überlegungen zum erfolgreichen Altern das „SOK-Modell" vorgestellt, bestehend aus Selektion, Optimierung und Kompensation:

- Selektion: Auswahl von Zielen in Lebens-, Funktions- oder Handlungsbereichen, Abstimmung von Zielen auf Rollen- und Lebenskontexte. D. h.: Das auswählen, was man gut kann.
- Optimierung: Steigerung und Erweiterung von Handlungs- und Entwicklungsmöglichkeiten durch Optimierung von Mitteln der Zielerreichung
- Kompensation: Maßnahmen zur Aufrechterhaltung von Zielen und Funktionsniveaus gegenüber Verlusten.

Er hat es am Beispiel des Pianisten Arthur Rubinstein erklärt: Der spielte im Alter weniger Stücke (Selektion), übte sie besonders gründlich (Optimierung) und verlangsamte sein Tempo vor schnellen Passagen so, dass die nachfolgenden Läufe im Kontrast besonders schnell wirkten (Kompensation). Damit schuf er allerdings Ausgleich für Einbußen, die meist ohnehin erst im Ruhestand zu erwarten sind. Die Psychologie kann anhand der einschlägigen Forschung zeigen, dass ältere Menschen etwas anders, aber deshalb nicht unbedingt schlechter lernen.

Im Umgang der Älteren mit Jüngeren und umgekehrt hat sich in den letzten Jahrzehnten nicht viel geändert. Beide Seiten bewundern vielleicht die Fähigkeiten des anderen, aber lehnen sie eher ab. In Unternehmen hat sich gezeigt, dass gemischte Teams aus allen Altersschichten effektiver sind als Jahrgangsteams. Das wird auch vielfach anerkannt. Aber sich helfen lassen von der anderen Seite, da gibt es eine Hürde, die selten übersprungen wird.

Als Mark Twain noch Redakteur einer Zeitung war, erhielt er eines Tages den Klagebrief eines Siebzehnjährigen: „Ich verstehe mich nicht mehr mit meinem Vater. Er ist rückständig und hat keinen Sinn für Modernes. Was soll ich tun?"

Mark Twain antwortete: „Ich kann Sie gut verstehen. Als ich 17 Jahre alt war, war mein Vater ebenso ungebildet. Aber haben Sie Geduld mit so alten Leuten, sie entwickeln sich langsamer. Zehn Jahre später, als ich 27 Jahre alt war, hatte er so viel dazugelernt, dass man sich schon ganz vernünftig mit ihm unterhalten konnte. Und heute – ob Sie es glauben oder nicht – frage ich meinen Vater, wenn ich keinen Rat mehr weiß. Es ist verblüffend, was der alte Herr in der Zwischenzeit alles gelernt hat!"

(aus: „Wer älter wird, sieht tiefer", Regina Betz)

3. Wie denkt der Österreicher über die Pension? – Eine Studie

Bisher war man eher auf Annahmen und Vermutungen angewiesen. Aber Seniors4success konnte im Juli 2014 und Ende 2016 mit Hilfe zweier Marktforschungsinstitute (Marketagent.com und Telemark Marketing) eine umfassende und repräsentative Umfrage zum Thema „Wie denkt der Österreicher über die Pension?" durchführen. Nach Marktforschungslogik ist die Befragung von nach Alter und Bildungsstand ausgewogenen Zielgruppen repräsentativ für Österreich.

Lassen Sie es mich vorausschicken: Die Ergebnisse sind für unser Land nicht schmeichelhaft. Entgegen vieler Meinungen ist die Pension auch im Verständnis unserer Befragten keineswegs der Himmel auf Erden. Trotzdem, während in den meisten europäischen Ländern längst die Realität im Denken eingekehrt ist, träumt der Österreicher in der Mehrheit noch immer davon, so früh wie möglich in Pension gehen zu können. Leiden die Österreicher an Realitätsverlust oder gar an einer Pensionsillusion? Es scheint so!

Aber es bewegte sich was in den zweieinhalb Jahren:

- Vorfreude auf die Pension: 2014 sagten zu dieser Frage 26 % der Befragten „Auf jeden Fall", während diese Zahl 2016 auf 13 % gesunken ist. „Eher Vorfreude" sank von 34 % auf 27 %. Der Gedanke an die Pension ist somit realistischer geworden.
- Erwartungen vor der Pension verglichen mit heute: sagten 2014 dazu 20 %, dass es ihnen schlechter geht als erwartet, antworteten 2016 nur mehr 14 % so.

- Gebraucht werden in der Pension: fühlte sich 2014 jeder Vierte „weniger oder viel weniger gebraucht", sank dieser Wert 2016 auf 20 %, d.h., jeder Fünfte fühlt sich weniger gebraucht. Auch hierbei scheint Realismus eingekehrt zu sein.
- Das tatsächliche Pensionsantrittsalter ist von 57 im Jahr 2014 auf 60 im Jahr 2016 gestiegen. Als ideales Pensionsantrittsalter wurde in beiden Umfragen 60 angegeben.
- Fast 70 % der Befragten sind der Meinung, dass die intensive Themenbehandlung in den Medien der Grund für eine Meinungsänderung in der Öffentlichkeit ist.
- 48 % aller in Pension befindlichen Österreicher arbeiteten 2016 bezahlt (12 %) oder ehrenamtlich (35 %). 2014 waren es nur 34 % insgesamt.

Jedem Sechsten geht es in der Pension schlechter als erwartet

Was sind die Gründe, warum Menschen in ihrer Pension arbeiten?

- Weil es mir Spaß macht
- Weil ich mich sozial in der Gesellschaft engagieren will
- Um meine Zeit sinnvoll zu nützen
- Dadurch fühle ich mich gebraucht
- Um soziale Kontakte zu knüpfen
- Um eine Beschäftigung zu haben
- Damit ich meine Erfahrungen weiter geben kann
- Weil mir das Unternehmen am Herzen liegt
- Weil es mein Selbstwertgefühl heb

Was sind die Nachteile vom Arbeiten in der Pension?

- Ich habe genug andere Dinge zu tun
- Gesundheitliche Gründe
- Ich habe in meinem Leben schon genug gearbeitet
- Ich will nicht mehr arbeiten
- Ich brauche kein zusätzliches Einkommen
- Mich stellt niemand mehr ein
- Ich finde keine ehrenamtliche Aufgabe

DIE LEBENSERWARTUNG STEIGT - WEN FREUT ES?

4. Das lange Leben ist da – und wird noch länger

Ich kann mich noch gut an meinen Großvater erinnern. Mit 65 ging er in Pension, war dem Arbeitgeber viele Jahre treu, und das beruhte auch auf Gegenseitigkeit. Der Großvater musste oder durfte also 65 werden, wenn er eine Pension erhalten wollte. Da war es verständlich, dass die Menschen den sogenannten „wohlverdienten Ruhestand" als solchen genießen konnten. Bald kamen kleinere oder größere Wehwehchen dazu, und das Ende des Lebens war nicht mehr fern. Heute haben wir eine ganz andere Situation.

1970 war es kaum möglich, vor dem 65. Geburtstag in Pension zu gehen. Und damals wurde allgemein 45 Lebensjahre gearbeitet. Und heute? Heute arbeiten die Österreicher im Durchschnitt 38 Jahre, also sieben Jahre weniger als damals. Gleichzeitig ist aber die Lebenserwartung rasant gestiegen. 1970 hatte ein Mann mit 60 Jahren noch eine Lebenserwartung von 15 Jahren, heute sind es 22 Jahre.

Die bisherigen drei Lebensphasen:

1. Lernen und sich ausbilden
2. Arbeiten und den Beruf ausfüllen
3. Der wohlverdiente Ruhestand

stimmen heute einfach nicht mehr. Da alle 24 Stunden die durchschnittliche Lebenserwartung in unseren Landen um 6 Stunden (!) steigt, tickt hier eine **demografische Bombe**. Durch verschiedene Gründe – verbesserte Medizin, Gesundheitsvorbereitung, bessere Hygiene, keinen Krieg – leben wir heute länger, dadurch wird auch die Lebenszeit nach Eintritt in den Ruhestand immer länger.

Aber was bedeutet das für die Lebensphasen? Wo früher nach dem Beruf der Ruhestand kam, hat sich jetzt eine neue Phase „aufgetan“, die wir als erste Generation erleben dürfen. Eine Phase, in der man fit, fähig und frei ist und vom Marathonlauf und der Großglocknerbesteigung bis zu Firmengründungen noch alles möglich ist. Es hat sich eine **neue Phase** „hineingeschoben“, nach dem Ausscheiden aus dem regulären Berufsleben kommt eine ganz neue Periode, die vor uns keine Generation erleben durfte. Man hat für diese Phase lange Zeit keine Bezeichnung gefunden.

Die Plattform Seniors4success hat im Zuge eines Workshops mit der Motivforscherin Frau Dr. Karmasin und einem Wortbildungsberater den Namen FREITÄTIGKEIT für diese Periode geprägt. Und hofft, dass er sich bald allgemeingültig durchsetzt. Nach der Berufstätigkeit kommt also die Freitätigkeit. Beide Lebensphasen haben mit „Tätigkeit“ zu tun, aber letztere ist „frei“ und wird vom jeweiligen Individuum unabhängig bestimmt.

Wer aber nicht bewusst erkennt, dass diese neue Lebensphase auch neue Chancen bietet oder vielleicht nicht daran glaubt, kann diese „versäumen“.

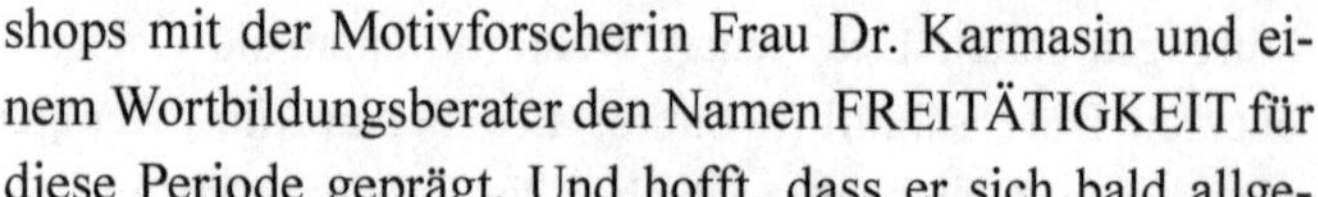

Lassen wir die Phaseneinteilung weg und wenden uns hin zur Einteilung nach 4 Jahreszeiten, die die Natur widerspiegelt und damit auch das Leben der Menschen als Teil der Natur. Orientieren wir uns einfach an der Natur. Es gibt keine bessere Einteilung: Wir leben diesen Kreislauf der Natur ganz selbstverständlich und passen uns ihm an oder, anders ausgedrückt wir, nützen die einzelnen Jahreszeiten entsprechend ihrem Thema. Mit einer Ausnahme:

Frühling	= Zeit der Ausbildung, des Lernens	► Lebensphase 1: Ausbildung
Sommer	= Zeit der Arbeit und des Schaffens, des Aussäens und des Bearbeitens	► Lebensphase 2: Berufstätigkeit
Herbst	= Zeit der Ernte, Lohn der Arbeit	► Lebensphase 3: Freitätigkeit
Winter	= Zeit des Ruhens	► Lebensphase 4: Ruhestand

Diese Grafik macht deutlich, dass wir im menschlichen Bereich die Phase 3, nach dem Beruf und vor dem Ruhestand, nicht kennen und nicht nützen. Es stimmt schon, dass wir heute Lebenden die erste Generation sind, die diese Zeit nützen kann – oder könnte. Aber sie hat keinen Namen, und die Menschen in ihr haben keine Bezeichnung für sich selbst. Und wo es keinen Begriff gibt, da geht es auch nicht in den Kopf, und so nützen die meisten Menschen diese neu gewonnene Zeit in dieser Phase nicht oder nicht umfassend:

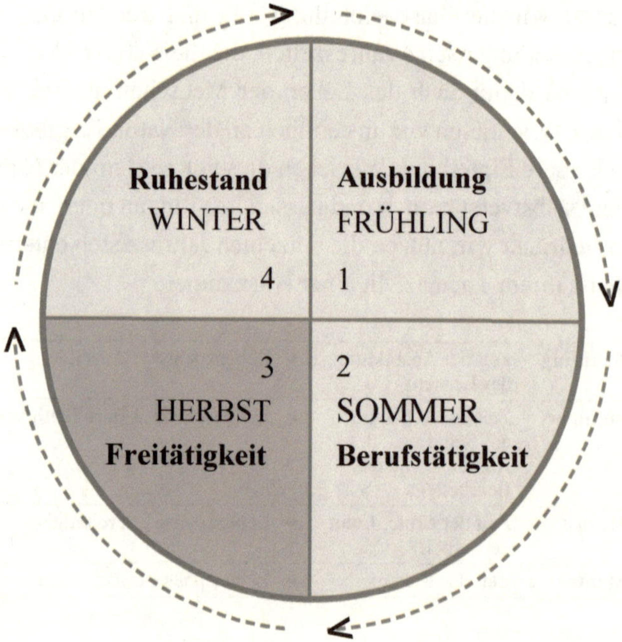

Ein Riesenanlass zur Freude:
Die obige Grafik verführt uns geradezu, uns mit allen unseren Sinnen auf diese Zeit zu freuen und sie zu genießen. Denn bis heute fiel die Lebensphase „Herbst“ ohne Beachtung aus, weil diese Zeit bisher keine Chance hatte, genützt zu werden. Einerseits war sie nur sehr kurz, und andererseits wusste man darüber viel zu wenig. Aber wir Heutigen können uns die Hände reiben und haben wirklich Grund zur **Freude**, denn – sinnbildlich gesprochen – können wir unsere Ernte einbringen. Wir können diese Schätze, die wir

angesammelt haben, betrachten und unsere Überlegungen in die Zukunft richten: Was kann ich mit dieser Ernte alles tun?

Jeder Mensch kann zu diesem Zeitpunkt sagen: Ich habe sozusagen ein Leben lang gearbeitet und etwas geschaffen, was mir niemand wegnehmen kann! Das berechtigt uns zu Stolz und Freude und ermutigt uns, wenn wir uns dessen bewusst werden, mit diesem Kapital in Zukunft etwas zu unternehmen. Es ist wirklich eine Einladung zum „Unternehmertum meiner selbst".

Wenn Sie bis hierher gelesen haben, werden Sie vielleicht neugierig sein, wie Sie Ihre Talente entdecken können. Dazu lade ich Sie zu einigen Fragen, die Ihnen bei dieser Entdeckungsarbeit helfen können, ein:

Frage 1: *Wie bezeichnen Sie sich selbst? Wenn Sie sich vorstellen oder wenn Sie gefragt werden, was Sie sind? Sie können natürlich Pensionist sagen. Wenn Ihnen das aber nicht gefällt, welche Idee(n) haben Sie für sich? Wie nennen sich Ältere in Ihrer Umgebung? Schreiben Sie einige dieser Bezeichnung auf ein Blatt Papier und heben Sie es auf.*

(Als Anregung, weiter zu suchen: Grauer Panther, Best Ager, Weiser, Silverworker, Hausmann, Gärtner, Golfer, Senior, Grufti usw.)

Es gibt keinen richtigen Begriff. Aber Ihre Antwort –welches Wort Sie auch verwenden – ist auch eine Aussage über Sie selbst.

5. Früher war alles besser?

Der berühmt/berüchtigte Satz, der allen jungen Menschen auf die Nerven geht, wenn Senioren immer wieder von der guten alten Zeit schwärmen, ist der permanente Hinweis auf die Vergangenheit. Ab einem bestimmten Alter scheint man sich einig zu sein. Die größte Schwäche der Gegenwart ist ja anscheinend, dass sie mit der Vergangenheit nicht Schritt halten kann. Früher waren die Wiesen satter, die Donau noch schön blau, im Winter war es kalt – im Sommer heiß, die Namen der Obst- und Gemüsesorten im Laden kannte man noch alle, überhaupt war alles viel netter. Sind wir eine Nation von Nostalgikern? Oder bleiben wir einfach oft gerne in der Vergangenheit hängen, um uns nicht mit der Gegenwart auseinandersetzen zu müssen?

„Wir waren Helden" – ein kleiner Exkurs in die schöne Vergangenheit:

Wenn Sie als Kind in den 50er, 60er oder 70er Jahren lebten, ist es zurückblickend kaum zu glauben, dass wir so lange überleben konnten!

- Wir saßen im Auto ohne Kindersitz, Sicherheitsgurt und Airbag
- Der begehrteste Platz war zwischen den beiden Vordersitzen
- Unsere Bettchen waren mit Farben voller Blei und Cadmium angestrichen
- Auch die Holzspielzeuge, die wir uns begeistert in den Mund steckten …

- Die Putz- und Bleichmittel konnten wir ohne weiteres erreichen
- Auch alle Medikamente …
- Türen, Schränke und Treppen waren eine ständige Bedrohung
- Auf die Fahrräder setzten wir uns ohne Helme
- Kleidung und Schuhe waren meist schon von Geschwistern oder Verwandten eingetragen
- Wir waren den ganzen Tag draußen unterwegs – in der Zwischenzeit wusste meist niemand, wo wir waren
- ... und keiner hatte ein Handy dabei
- Wir schlugen uns manchmal grün und blau – damit mussten wir leben, denn es interessierte die Erwachsenen nicht besonders
- Manche Kinder rasselten durch Prüfungen und wiederholten Klassen – das führte nicht zu emotionalen Elternabenden
- Zur Schule gingen wir, auch im Winter, zu Fuß
- Unsere Taten hatten Konsequenzen. Wenn einer von uns gegen das Gesetz verstieß, war klar, dass die Eltern ihn nicht automatisch aus dem Schlamassel herausboxten. Im Gegenteil: Sie waren oft der gleichen Meinung wie die Polizei!

Sätze, die zu diesem Thema passen:

- Früher, als es noch keinen Computer gab, hat man in Ruhe in einem Nachschlagewerk nachgesehen, wenn man etwas nicht kannte. Heute mit Google muss man sich entscheiden, welche angebotene Erklärung richtig ist und man annimmt.

Man könnte es aber auch so sehen: Hat man sich einmal mit diesem Medium beschäftigt, kann man sehr viele Vorteile aus dieser Informationsflut ziehen.

- Heute geht alles so furchtbar schnell. Nun, unsere Vorfahren hatten Angst, ob der Mensch das Tempo der ersten Dampflokomotive aushält. Der Satz „früher war alles besser“ stammt also nicht aus unserer Zeit, sondern galt schon viele Generationen vor uns. Es bleibt eine Frage des Blickwinkels: zurück oder vorwärts schauen.
- Früher kam man am Abend nach Hause, und dann war Ende der Arbeit. Heute wollen die jungen Leute dauernd erreichbar sein. Da auch diese erst lernen müssen, damit umzugehen, schalten z. B. Unternehmen wie der VW-Konzern den E-Mail-Zugang ab einer bestimmten Abendstunde aus. Und wir Senioren? Manche schauen zu wenig oft in ihre Mailbox, andere leiden wie die Jugend an der dauernden Erreichbarkeit. Lernen müssen beide Zielgruppe, wie sie damit umgehen, man muss dazu nicht das Handy oder den PC in die Ecke werfen.

Frage 2: *Fallen Ihnen Redewendungen in diesem Zusammenhang ein, die Sie selbst öfters benützen? Wobei haben Sie sich schon ertappt? Auch diese Antworten halten Sie bitte schriftlich fest. Möglicherweise werden wir sie noch brauchen.*

War die Welt tatsächlich besser, die Kultur, die Technik, die Umwelt? Wer möchte wirklich zurück und mit den Lebensumständen seiner Großeltern tauschen? Wer würde sein Kind/Enkelkind gerne noch ohne Gurt und Kindersitz im Auto transportieren wollen oder auf den Komfort verzichten, dass öffentliche Verkehrsmittel bereits auch in die hintersten Ecken der Stadt fahren? Am undeutlichsten sieht man die Veränderungen, während sie passieren, ihre Vor- und Nachteile werden erst rückblickend sichtbar – sie ereignen sich meist einfach nebenbei.

Atomkraftwerke, Waldsterben, Klimawandel, genmanipuliertes Essen, Rinderwahn, Bevölkerungsexplosion und Ressourcenknappheit schafften es immer auf Platz 1 der Titelblätter. Medizinischer und technischer Fortschritt oder wachsender Wohlstand werden hingegen nur ganz selten erwähnt. Noch nie war die Lebenserwartung höher und die Kindersterblichkeit geringer. Ist das alles „Jammern auf hohem Niveau"?

Für Senioren ist es wichtig, sich nicht an alte Erfahrungen zu binden, nicht allen zu erklären, dass „früher alles besser war" und sich so von der Entwicklung abzuklemmen. Mit Sicherheit gibt es eine lange Liste von Dingen, die tatsächlich besser waren. Liegt es vielleicht doch an dem Wörtchen „alles"? Oder vielleicht sollte man eher sagen: nicht besser, einfach nur anders.

YES, WE CAN

6. 60 ist das neue 50

Wie alt sind Sie? Und wie alt fühlen Sie sich? Fragen, die oft nicht mit der gleichen Zahl zu beantworten sind. Wenn Sie Klassentreffen besuchen, werden Sie sehen, dass die ursprünglich Gleichaltrigen unterschiedlich aussehen können: Manche sehen viel älter aus und manche viel jünger. Angenommen, Sie sind jetzt – nach dem Geburtsschein – 60 und lesen vielleicht in der Zeitung, dass jemand mit 60 gestorben sei. Was ist Ihr erster Gedanke? Mir geht es manchmal so, dass ich zunächst denke, der ist ja auch schon alt, bis ich dann bemerke, dass ich selbst älter bin.

60 ist das neue 50, sagt man immer öfter. Oder gar 70 ist das neue 50. Wer nicht auf den Kalender blickt und sich demgemäß verhält, kann mit Freude feststellen, gesünder und fitter zu sein als der Großvater oder die Großmutter in diesem Alter. Wichtig ist, auszuloten, was heute geht und was man heute schaffen kann, unabhängig vom Geburtsdatum. Das sagt sich sehr leicht, fällt aber vielen Menschen schwer, weil sie sich nicht von diesem traditionellen Denken lösen können. Umfragen zufolge sind ältere Menschen heute zunehmend offen für neue Erfahrungen, zum Beispiel in der Nutzung neuer Technologien, und stehen dem Älterwerden deutlich positiver gegenüber als die Generationen vorher.

Gab es im Jahr 1971 insgesamt 54 Hundertjährige, so sind es heute bereits 1371 in Österreich. Das bedeutet eine Vervielfachung der Hundertjährigen. An dieser Ziffer kann man gut ablesen, wie sich die Bevölkerung entwickelt hat. Da kein Forscher ein Ende dieser Entwicklung feststellen kann, wird diese Tendenz so noch weiter gehen. Übrigens wurde in Interviews mit Hundertjährigen eine interessante Erkenntnis bewusst: Alle brachten den Wunsch zum Ausdruck, jetzt noch nicht diese Welt verlassen zu müssen, weil sie noch ein Ziel haben, das sie erreichen wollen. Alle hatten aber ein schweres Leben hinter sich, mit Krieg, Krebs, KZ, Konkurs oder Krankheit, um nur Worte zu nennen, die mit K beginnen.

In einer interessanten Studie von Heckhausen, Dixon & Baltes, 1989, wurden Jugendlichen und Älteren Listen mit Adjektiven vorgegeben, die positiv und negativ bewertete Eigenschaften umschreiben – träge, gelassen, aktiv usw. Jede Eigenschaft musste danach eingeschätzt werden, ob und wie sehr sie im Laufe des Erwachsenenalters zunimmt und inwieweit diese Veränderung durch die Person selbst beinflussbar ist. Außerdem wurde danach gefragt, welche Gewinne (Zeit für soziale Kontakte, finanzielle Freiheit etc.) und Verluste (geringeres Einkommen, Erkrankungen etc.) sie den einzelnen Phasen des Lebens zuordnen würden. Interessanterweise fand sich dabei eine sehr hohe Übereinstimmung dahingehend, wie sich dieses Verhältnis von Gewinnen und Verlusten im Mittel darstellt. Danach steigen Verluste bereits im frühen Erwachsenenalter an. Bis etwa 70 Jahre liegt das Verhältnis von Gewinnen zu Verlusten auf etwa 70 : 30. Jedoch selbst bei 80-Jährigen halten sich die wahrgenommenen Gewinne und Verluste noch die Waage. Erst danach überwiegen die Verluste. Dennoch sind auch im sehr hohen Alter Gewinne noch möglich – und mit 20 Prozent gar nicht so wenige.

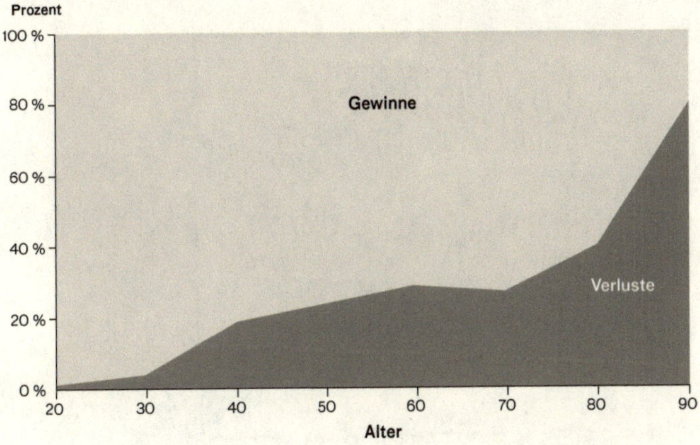

Frage 3: *Wie alt fühlen Sie sich? Ihre Antwort ist der Schlüssel zu ihrer weiteren Lebensentwicklung. Und haben Sie ruhig den Mut, diese Ziffer ebenfalls aufzuschreiben.*

WELCHER TYP BIN ICH?

7. Typologie angehender Pensionisten

Pensionist ist nicht gleich Pensionist, das sieht man, wenn man mit älteren Menschen zusammenkommt. Wenn Sie sich ein wenig umschauen und die Menschen, die Sie kennen, beobachten, werden Sie bald unterschiedliche Typen vorfinden und nennen können. Es gibt mehrere Einteilungen, mit einer davon möchte ich Sie vertraut machen, weil bei dieser alle einen Platz bekommen. Mit welchem Typ können Sie sich am ehesten identifizieren?

1. Weitermacher:
Tun einfach weiter wie bisher, sehen überraschend, dass monatlich Geld auf ihr Konto fließt (Pension). Arbeiten in ihrem Beruf so lange, wie es gesundheitlich noch geht. Meist sind das Selbständige, Künstler, Berater, Ärzte, Therapeuten etc., die keinen Dienstgeber haben. Ihr Beruf ist ihre Identität.

2. Anknüpfer:
Wissen, dass sie viel können und Know How besitzen. Stellen ihre grundsätzlichen Kenntnisse teilweise beruflich oder ehrenamtlich weiter zur Verfügung, z. B. über „Senior Expert Service“ oder in Vereinen. Wollen der Gesellschaft etwas zurückgeben. Wichtig ist ihnen, ihre Erfahrungen weiter nutzen zu können.

3. Neustarter:
Freuen sich schon länger darauf und finden, bisher lange genug fremdbestimmt gewesen zu sein. Sehen diese Phase als

Chance, endlich etwas Neues tun zu können, lernen Neues, gründen ein Unternehmen oder eine Organisation, haben eine klare Vision. Und starten einfach, weil sie es schon lange planten. Wollen selbstbestimmt handeln.

4. Genießer:
Haben sich meist schon jahrelang auf diese Phase gefreut. Sie sagen sich: „Kommt Zeit – kommt Rat." Wollen ihren „verdienten Ruhestand" und damit das Leben genießen, ohne große Ziele und Konzept. Sie reisen meist viel, oft, bis auch das nicht mehr lustig ist. Finden andere, die noch etwas tun, als unverständlich.

5. Nachholer:
Wollten ursprünglich etwas ganz Anderes werden. Hatten meist keine Gelegenheit, etwas Bestimmtes zu lernen oder ihren Traumberuf auszuüben. Jetzt ist die Zeit gekommen, das nachzuholen. Sie besuchen Universitäten und Akademien, holen sich das fehlende Wissen bzw. die Fähigkeiten, die sie dazu brauchen. Sehr oft sind dies künstlerische Tätigkeiten, von denen man früher nicht hätte leben können.

Ein Beispiel zum letztgenannten Typ: Auf der Suche nach einem Kunstschmied für ein Grabkreuz lernt der Autor einen Menschen kennen, der ursprünglich Uhrmacher werden wollte. Dem Rat seines Vaters folgend – „als Uhrmacher verdienst du zu wenig" – lernte er den Beruf des Schmied. Hin und wieder konnte er eine Turmuhr zur Reparatur übernehmen. Aber als knapp vor seinem Pensionierungstermin das Salzburger Glockenspiel nach mehr als 300 Jahren zu reparieren war, fragte das Denkmalamt bei ihm an mit der Formulierung „Herr A., wenn nicht Sie das Glockenspiel reparieren, kann das niemand mehr". Er tat es in zweijähriger Arbeit, und Sie können es hören, wenn Sie nach Salzburg kommen. Er ging seinen Talenten nach.

> ***„Menschen bleiben bis zum letzten Atemzug aktiv. Es gibt keinen Grund für ein Anhalten."***
>
> *Muhammad Yunus, Friedensnobelpreisträger, möchte das Wort „Ruhestand" aus dem Wortschatz tilgen.*

Frage 4: *Welcher Typ sind Sie am ehesten? Und fällt Ihnen vielleicht auch eine Ausbildungs- oder Berufsrichtung ein, die Ihnen damals nicht möglich war? Wie würden Sie Menschen rund um Sie einordnen? Schreiben Sie das bitte auf.*

Manche Menschen, die sich für den „wohlverdienten Ruhestand" entschieden haben bzw. nach der obigen Typologie den „Genießer" gewählt haben, stellen nach einigen Monaten fest, dass das so nicht ihr Leben sein kann und starten eine eigene Aktivität. Wer vor dem Übergang in die Pension zu wenig Zeit hatte oder sich zu wenig damit beschäftigte, ist meist müde und erschöpft, sodass eine Ruhepause (auf Dauer) gewählt wird. Aber ein Teil dieser Gruppe wacht nach einigen Monaten auf und stellt fest: Nichtstun ist nicht befriedigend:

8. Früher sterben oder länger arbeiten

Diesen Titel hat die Tageszeitung „Die Presse“ als Headline über ein Interview mit dem Autor gewählt. Der Satz ist radikal und die Aussage brutal. Aber es ist etwas dran an dieser These. Die Universität Zürich hat auf der Basis von 24 000 österreichischen Sozialversicherten im Zuge einer Langzeitstudie festgestellt, dass es sich lohnt, sich zu engagieren. Wer sich entscheidet, den wohlverdienten Ruhestand in der Hängematte zu verbringen, verschenkt – wie bereits weiter oben gesagt – pro Lebensjahr zwei Monate! Und wenn man dieses Ergebnis akzeptiert und deshalb Herausforderungen sucht und annimmt oder dem eigenen Drang nachgibt und Aufgaben findet, zu deren Erfüllung man sich anstrengen muss: Das Ergebnis ist dasselbe, Sie sind gesünder und leben länger.

Die irrige Meinung, dass man durch Nichtstun sein Leben verlängern kann und gesünder bleibt, ist nicht nur in dieser genannten Studie festgestellt worden, sondern in einer großen Zahl unterschiedlicher Umfragen und Analysen weltweit.

Es liegt also auch in unserer Hand, wie es uns in der Pension geht und wie unser Leben aussieht. Selbstverständlich muss man natürlich sagen, dass diese Aussagen nur dann zutreffen, wenn keine Krankheit vorliegt, die es nicht erlauben würde, sich weiter einzubringen. Aber für den Großteil der Menschen kann diese Studie Anstoß sein, sich nicht einer Herausforderung zu verschließen.

Der Mensch ist in seiner Entwicklung und Konstruktion so gebaut, dass er sich regen muss. Wir sind nicht geschaffen, die Hände in den Schoß zu legen und nichts zu tun. Nach jedem Artikel oder Fernsehspot erlebt der Autor in den Diskussionen im Online-Bereich des Magazins oft wütende Berichte, die ihm einerseits vorwerfen, wohl noch nie im Leben etwas gearbeitet zu haben: „Wieder einer der vielen Experten, die noch immer nicht begreifen wollen"; „Der Herr hat eine sehr eingeschränkte Sichtweise, deren Grundlagen offenbar hauptsächlich die eigenen Erfahrungen bilden." Oder den Hinweis, dass es bei der herrschenden Arbeitslosigkeit selbst für 50+ Menschen nahezu unmöglich ist, eine Beschäftigung zu finden. Den ersten Einwand kann man leicht entkräften, wenn man den Lebenslauf ansieht. Das zweite Argument aber ist grundsätzlich richtig. Aber es gilt immer wieder wie im Rahmen dieses Buches schon mehrmals gesagt: Die traditionellen Jobs sind kaum mehr zu erhalten, aber ein Angebot, bestehend aus den größten Stärken eines Menschen, hat mehr Chancen, eine Beschäftigung zu finden. Oder es empfiehlt sich, sich mit dieser Idee selbständig zu machen.

Wer die Möglichkeit hat, aus mehreren möglichen Aufgaben und Herausforderungen wählen zu können, tut gut daran, diese Alternativen auf lange Sicht zu prüfen.

Übrigens: Wissen Sie, seit wann es ein Pensionssystem gibt? Dass es überhaupt eine Pensionsversicherung gibt, verdanken wir Otto von Bismarck. Er hat Ende des vorletzten

Jahrhunderts in Deutschland, im Zuge der Sozialgesetzgebung, die Pensionsversicherung ins Leben gerufen. Um die Sozialversicherung aufbauen zu können, mussten alle Beschäftigten Beiträge für eine Pension einzahlen, bekommen haben sie aber nur Personen ab 70 Jahren. Damals war aber die durchschnittliche Lebenserwartung 39. Erst 1904 wurde die Pensionsversicherung in Österreich eingeführt, bei der man mit 65 Jahren dann schließlich eine Pension erhielt.

9. Hackelst du noch? Oder gibst du schon Ruhe?

Haben Sie diesen Gruß schon einmal persönlich erlebt? Gerade in der Alterskohorte „rund um den Übergang in die Pension" kann man diese Anrede bzw. die Einleitung eines Gespräches mit dieser Phrase hören. Sie kommt meist von Menschen, die sich selbst entschieden haben, nichts mehr zu tun und die auf diese Weise Sympathisanten für ihre eigene Lebensentscheidung suchen.

Versuchen Sie in einem solchen Fall, das Gespräch aufzunehmen und sich mit den Lebensplänen des Gegenüber zu befassen. Was kommt auf Ihre Frage „Was machst denn du?“ in der Regel als Antwort? Sehr oft hört man Feststellungen wie „Ich habe so viele Hobbys“ oder „Ich freue mich schon sehr auf meine Enkelkinder“. Geht man auf diese Antworten näher ein und frägt eindringlicher nach, stellt sich jedoch heraus, dass all dies das Leben dieser Menschen meist nicht ausfüllen kann.

Der Wunsch nach vielen Enkelkindern ist verständlich, geht aber nicht für alle Menschen in Erfüllung. Und wenn, sind Enkelkinder in der Regel keine lebenslange Beschäftigung, weil sie etwa ab zwölf Jahren selbstständig werden müssen und dazu den Opa oder die Oma nur noch fallweise benötigen. Was tun aber diese dann, wenn die so gewählte Berufung wegfällt?

Die Befürworter und Gegner einer längeren Beschäftigung treffen immer wieder mit ihren gegenteiligen Positionen aufeinander. Vielfach werden die Statements mantraartig wiederholt, aber beide Standpunkte führen in der Regel nicht zu einer Diskussion, weil das Schwarz-Weiß-Denken vorherrscht. Beispiele für diese beiden Lebensstile werden rasch als Einzelfälle abgetan und kaum als Vorbild gewertet. Warum? Weil sehr oft der Standpunkt schon vorher feststeht und mehr oder minder die Forderung durchklingt, man möchte nicht durch Tatsachen verwirrt werden.

Der Gerechtigkeit halber muss auch darauf hingewiesen werden, dass es Berufe gibt, die die Gesundheit schädigen können, und diese Menschen durch die Beschäftigung krank oder ausgemergelt sind. Personen aus dieser Zielgruppe werden meist auch als Argumente verwendet, wenn man

Beweise sucht, selbst nichts tun zu müssen. Oft kommt dann die Killerphrase: Soll ein Dachdecker noch mit 65 auf dem Giebel eines Hauses gehen, oder ein Bauarbeiter mit Rückenleiden weiterhin Lasten schleppen? Das stimmt schon, aber konkret sind dies wenige Personen. Vielleicht kann aber der genannte Dachdecker im Innendienst etwas leisten, wozu er viel Erfahrung gesammelt hat.

„Hackelst Du noch" braucht für alle, denen dieses österreichische Wort nicht geläufig ist, eine Erklärung. Es ist ein Synonym für das Wort arbeiten, hat aber gerade in seiner umgangssprachlichen Ausdrucksweise auch in die Gesetzgebung Eingang gefunden. Wir sprechen heute ganz allgemein von dem allseits verwendeten Wort „Hacklerpension". Diese bezieht sich nicht auf Personen, die durch die ausgesprochen schwere Belastung durch ihre Arbeit gemeint sind, sondern auf eine Zielgruppe, die durch den Nachweis von 45 Beitragsjahren bei Männern und 40 bei Frauen die Möglichkeit hat, frühzeitig in Pension zu gehen. Dieses Schlupfloch als Zugang zur Frühpension hat die Politik der vergangenen Jahre leichtfertig und zur Wählergewinnung geschaffen, ohne zu bedenken, welche verheerende Auswirkung dies auf das durchschnittliche Pensionsantrittsalter hat. Österreich gehört zu den Spitzenländern der EU, was das niedrigste Alter für den Antritt in die Pension betrifft. In Österreich liegt das durchschnittliche Pensionsantrittsalter bei 60,2 Jahren, in der EU bei 63,1. Man kann sich ausrechnen, was das in Geld bedeutet: Sozialminister erklären immer wieder, dass ein Antritt der Pension ein Jahr später für den Staat eine Ersparnis von 1,1 Milliarden Euro brächte – wohlgemerkt pro

Jahr. Da die Hacklerpension nicht für Beamte gilt, haben sich in vielen Ämtern Personen auf das ASVG-System ummelden lassen, um trotzdem in den Genuss der Frühpension bzw. der Hacklerpension zu kommen. Einem Nicht-Österreicher diesen Begriff übersetzen zu wollen, ist übrigens ein fast unlösbares Problem.

> ***„Wer sich im Alter keine Aufgabe gibt, gibt sich selbst auf“***
> *Marcus Tullius Cicero*

Vielleicht haben Sie die folgende Geschichte schon einmal gelesen, sie kursiert in verschiedenen Formen im Internet. Da sie aber genau zu unserem Thema passt, lesen Sie bitte hier:

Ein Jahr Rentner

24. Mai
Es ist geschafft. Mein letzter Arbeitstag. Ich bin endlich Rentner. Jetzt geht mein Leben richtig los. Ich will einfach das machen, woran mich diese verdammte Arbeit immer gehindert hat.

25. Mai
Ich stehe früh auf, und weiß gar nicht, was ich zuerst tun soll. Der Rasen muss gemäht werden, ich will die Dachrinne reparieren, ich muss die Wasserhähne entkalken, ich will ein Vogelhäuschen bauen und endlich mal „Krieg und Frieden“ lesen. Treffe vor dem Haus meinen Nachbarn. Er

ist auch Rentner. Er läuft unrasiert im Jogginganzug rum, sieht aus wie nach 30 Tequila. Er schaut den ganzen Tag Nachmittagstalkshows oder löst Kreuzworträtsel. Das wäre nichts für mich. Ich mähe erstmals den Rasen, reinige die Dachrinne und fange mit einem Vogelhäuschen an. Das Leben ist wunderbar.

2. Juni

Der Rasen ist gemäht, die Dachrinne gereinigt und das Vogelhäuschen ist fertig. Die Piepmätze kommen an und tirilieren fröhlich. Ich fahre zu OBI, besorge Entkalker für die Wasserhähne. OBI ist voll mit Rentnern. Jeden Morgen trifft sich da das Krampfadergeschwader am Holzzuschnitt. Trübe Tassen. Fahre nach Hause und entkalke die Wasserhähne.

7. Juni

Etwas länger geschlafen. Dann frühstücke ich und kontrolliere, ob die Wasserhähne nicht neuen Kalk angesetzt haben. Danach Rasenmähen und Fahrt zu OBI. Lasse mir Holz für ein weiteres Vogelhäuschen zuschneiden. Dann hab ich zwei. Eins für die Vogelmännchen und eins für die Vogelweibchen.

22. Juni

Bis Mittags geschlafen. Dann noch ein Vogelhäuschen für Behinderte gebaut. Dann Rasen gedüngt, damit er schneller wächst und häufiger gemäht werden muss. Danach Tee mit meiner Frau! Ich gebe ihr Tipps für den Haushalt. Aber manchmal habe ich den Verdacht, ich nerve sie.

30. Juni
Will mal wieder mit einem anderen Menschen reden und gehe zum Arzt. Viele Rentner gehen zum Arzt, um mal zu quatschen; ich habe mir Prostatabeschwerden ausgedacht. Aber er schickt mich nach Hause – Prostata wird bei Kassenpatienten in meinem Alter nicht mehr behandelt – Rentner hätten genügend Zeit zum Pinkeln!

13. Juli
Schlafen bis Zwei. Danach Rasen mähen und ein Vogelhäuschen basteln. Im Garten stehen jetzt 28 Stück. Als ich es aufstellen will, entdecke ich auf dem Rasen einen Brief. Die Vögel haben ihn geschrieben: „Alter, hör auf mit den Scheiß Vogelhäuschen, wir sind satt und es ist uns vor den anderen Tieren peinlich." Mein Nachbar bietet mir ein Kreuzworträtselheft an. Ich schau mal rein. Russischer Fluss mit 7 Buchstaben. Ach, was denkt sich der Idiot? Dass ich Zeit habe, mir im Atlas russische Flüsse mit 7 Buchstaben rauszusuchen?

1. August
Es gibt insgesamt 1.376 russische Flüsse mit 7 Buchstaben. Am Abend Krise mit meiner Frau. Unser erotisches Leben ist eingeschlafen. Passiert vielen Rentnern. Meine Frau schlägt als Lösung vor, wir sollten mal Sex an ungewöhnlichen Orten probieren.

4. September
Wir haben die Seiten im Bett getauscht. Hilft auch nicht. Habe gelesen, 50% der Männer über 65 nehmen Viagra.

70% davon können sich allerdings nicht mehr daran erinnern, warum …

30. September

Krieg und Frieden lese ich nicht mehr. Schaue jetzt mehr Nachmittagstalkshows. Heute ist das Thema „Ich mach dich kalt, du blöde Summse“. Naja, ein bisschen lehnt sich das ja auch an „Krieg und Frieden“ an.

26. Oktober

Meine Frau meint, wir sollen etwas für unsere Körper tun … Wellness … Sobald man Rentner ist, soll alles nur noch Wellness sein. Man soll die Seele baumeln lassen … Warum? Wenn man älter wird, baumelt am Körper sowieso schon so viel. Da muss die Seele nicht auch noch mit baumeln. Meine Frau schleppt mich zum Rentner-Yoga, zur Rentner-Sauna, zum Pilates. Pilates! Das war für mich bisher der Typ, der Jesus gekreuzigt hat!

3. Januar

Habe mit Sport aufgehört. Nur den Jogginganzug trage ich noch ganz gern. Rasieren tu ich mich auch nicht mehr. Wenn ich auf die Straße gehe, fragen mich manchmal die Obdachlosen, ob ich einen Euro brauche. Meine Frau will mich aktivieren und schafft einen Dackel an. Das ist das Ende. Wenn der beste Freund eines Mannes eine Wurst mit Beinen ist, die Purzel heißt, ist es Zeit für ihn, abzutreten. Ich geh mit ihm spazieren. Sitze dann im Wald auf einer Bank, mein Blick fällt auf die Ameisen auf dem Boden. Tja, die arbeiten und arbeiten, von denen sagt keine „Ich bin in Rente und mach jetzt Pilates“.

12. Februar

Bin nachts nicht müde. Wovon auch? Stehe deshalb auf, setze mich ins Auto und fahre durch die nächtliche Stadt. Ich lande bei meiner alten Firma, steige aus, streichle das Gebäude. Auf der Rückfahrt sehe ich, wie an einer Landstraße Türken auf dem illegalen Arbeitsstrich rumstehen und warten, dass sie zur Schwarzarbeit abgeholt werden. Traurig so was!

3. März

Habe mich dunkel geschminkt, mir einen Schnäuzer angeklebt und reihe mich unter die Türken an der Straße ein. Serhat, Mehmet, Ügür und Öczan. Im Auto stellt sich raus, die heißen eigentlich Franz, Theo, Günther und Willi. Und sind auch Rentner mit angeklebten Schnäuzern. Am Nachmittag – Arbeit auf einer Baustelle. Ich war lange nicht so glücklich.

12. April

Fahre jetzt jeden Morgen mit den anderen Rentnern auf die Baustelle. Nachmittags sitzen wir zusammen und überlegen, was wir noch machen könnten. Wir wollen eine Firma gründen, einen Konzern erschaffen, wie wollen ackern und hackln. Auch mit 65 kann man noch viel bewegen. Eine Geschäftsidee für unseren Konzern haben wir auch schon: Vogelhäuschen.

(aus: Augustin, Oskar Walch, 23.10.2009)

10. Mythen oder Sprüche am Stammtisch

Sicherlich waren Sie schon öfters bei Gesprächen und Diskussionen, wo von einzelnen Personen Thesen über das Alter in den Raum gestellt wurden, als wären sie wissenschaftliche Beweise und Fakten.

Ein Spruch wird nicht besser, wenn er immer wieder wiederholt wird. Wer sagt „Bier auf Wein, das lasse sein“ wird vielleicht wirklich Beschwerden bekommen, weil er/sie so fest an diesen Satz glaubt. Aber wer´s probiert: Es geht genauso gut auch umgekehrt, das bestätigen Ärzte und Forscher. Probieren Sie es in der Praxis. Nichts passiert.

Um Lust und Frust beim Thema Pension zu beleuchten, sind einige Sprüche, die in der Praxis auf ihre Richtigkeit hin geprüft werden können wie der obige, hier zusammengestellt. Manche dieser Mythen sind oft fester Bestandteil von Stammtisch-Diskussionen und werden, weil sie immer wieder genannt werden, für wahr gehalten. Sehen Sie sich diese Sprüche kritisch an:

- **„Ich freue mich schon so auf die Pension“**
  Wer schon vorher etwas vor hat, eine Vision besitzt, was nach dem Übergang die dominierende Herausforderung sein wird, für denjenigen ist die Freude berechtigt. Wer aber glaubt, die Pension an sich löse alle seine bisherigen Probleme, der kann eine große Enttäuschung erleben.

> ***„Es ist mein erster Ruhestand. Ich übe noch!“***
> *Loriot als Heinrich Lohse im Film „Pappa ante Portas*

- **„Viele Menschen werden mich auch nach der Pensionierung noch brauchen“**
  Hoffen kann man es, aber aus Umfragen wird klar, dass das für die meisten nicht zutrifft. Denn die Netze, die Kontakte, die Beziehungen nehmen mit dem Ausscheiden radikal ab, sie werden vielleicht so wie der Schlüssel zum Firmenauto am Stichtag abgegeben werden. Der Unterschied zwischen „guter Kunde“ und „fast Freund“ klärt sich meist sehr schnell. Viele „gute“ Beziehungen basieren ohne es zu wissen auf der Macht der Position. Sobald diese wegfällt, geht auch die Beziehung verloren.

- **„Die Pension wird meiner Ehe guttun“**
  Das haben schon viele geglaubt und wurden bitter enttäuscht. Denn 24 Stunden und 7 Tage und 52 Wochen lang immer beisammen zu sein, das sind wir in der Regel nicht gewohnt. Und dann zeigt sich, wie stark die Beziehung wirklich ist. Aber tun muss man auf jeden Fall etwas, vor allem, viel miteinander reden und die gegenseitigen Vorstellungen verstehen lernen. Nicht umsonst ist die Scheidungsrate bei Beginn der Pension die höchste, denn die Erwartungen an den Partner sind groß und überfordern die meisten Menschen.

- **„Ich will mich zunächst einmal erholen“**
  Gute Idee, wenn es eine begrenzte, geplante Periode wird, deren Ende schon vorher fixiert ist. Andererseits fängt man zunehmend an, sich an das Nicht-

stun zu gewöhnen und ist dann schon sehr bald kaum mehr für eine herausfordernde Aufgabe ansprechbar.

- **„Die Älteren werden ohnehin nicht mehr gebraucht"**
  Ja, das stimmt, wenn sie nur das anbieten, was sie immer gemacht haben. Wenn sie den Nutzen, den ihnen ihr Alter einbringt, nicht kennen und damit nicht einbringen können, dann werden ihnen selbstverständlich Jüngere vorgezogen. Noch dazu, wo gerade in Österreich das Senioritätsprinzip sehr ausgebaut ist, und Ältere in den letzten Berufsjahren noch Gehaltssteigerungen erleben wie kaum in einem anderen EU-Land.

- **„Wenn ich mich schone, werde ich länger und gesünder leben"**
  Genau das Gegenteil ist der Fall. Wer sich nur schont und jede Herausforderung ablehnt, verschenkt – einer oben zitierten Umfrage zufolge – pro Lebensjahr, das noch vor ihm/ihr liegt, zwei Monate, verkürzt also sein/ihr Leben und schadet der Gesundheit.

- **„Es zahlt sich für mich nicht mehr aus" – „Das kann ich jetzt nicht mehr"**
  Das ist die Killerphrase für Pensionisten. Es zahlt sich nicht mehr aus, den PC zu lernen (in der Firma habe ich das gerade noch überstanden). Oder: Mein Anzug ist ohnehin nicht zerrissen, und ich habe ja keine wichtigen Geschäftstermine mehr. Dazu passt, dass der Friseur ohnehin so teuer ist, dass man das schon einschränken

kann. Und so geht die Auswirkung dieses Spruches weiter.

- **„Unser Pensionssystem ist gesichert“** (sagen ja der Bundeskanzler und andere Politiker)
  Stimmt eindeutig nicht, alle Experten sind sich einige, dass Österreich diese wachsende Last der Pensionssteigerungen nicht stemmen kann, ohne am System etwas zu ändern. Sicherlich kann der Einzelne diese Beweisführung nicht einfach nachvollziehen, aber er kann sich informieren, wie es auf Basis von Fakten und Vorhersagen aussehen wird. Das kann man niemandem verbieten.

Frage 5: *Welche Sprüche fallen Ihnen ein? Welche hören Sie immer wieder oder welche verwenden Sie selbst sehr oft in Gesprächen? Nehmen Sie ein Blatt Papier und schreiben Sie diese auf. Gibt es Beweise oder Fakten für jeden dieser Sätze?*

11. Auf die Pension braucht man keine Vorbereitung

In der repräsentativen Umfrage „Wie denkt der Österreicher über die Pension?“ wurde 2016 wie 2014 von nur 18 % der Bevölkerung die Notwendigkeit einer Vorbereitung auf die Pension für sehr sinnvoll erachtet. Tatsächlich ist es so, dass es kaum Seminar- und Beratungsangebote gibt, die Menschen am Übergang in die nächste Lebensphase zur Vorbereitung benützen könnten. Immer wieder versuchen Trainer und Berater, spezielle Angebote für diese doch attraktive Zielgruppe zu formulieren, ziehen sich aber bald wieder zurück, weil es (noch) kein Geschäft ist, von dem man leben kann. Warum ist dies so? Dazu gibt es keine klare Antwort. Fest steht nur, dass auch Manager, die in ihrem Leben nicht ohne Tages-, Wochen -, Monats- oder Jahresplan leben konnten, für sich selbst in dieser wohl gravierendsten Übergangsphase eines Menschen keinen oder nur einen dürftigen Plan besitzen. Dabei geht es schlichtweg nicht um irgendeine fremde Angelegenheit, sondern um das eigene Leben und die Zukunft dieses Menschen.

Vorbereitung auf die Pensionszeit:
Von der Zielgruppe „noch berufstätig“ sagen 27,9, dass sie sich gezielt vorbereiten wollen. Retrospektiv gesehen würden sich 32,2 % der Pensionisten, die sich damals nicht vorbereitet haben, heute gezielt vorbreiten. Gründe für Nichtvorbereiten – Ergebnisse aus der Umfrage – sind: Pension ist noch zu weit weg, brauche keine spezielle Vorbereitung, habe keine Zeit dafür, wusste nicht, wo ich Angebote dazu finde. Hierher gehört das Stichwort „lustvoll“, denn es soll Ihnen Spaß machen, die Chancen Ihres Lebens jetzt zu suchen, auszuwählen und zu nützen. Die Pensionszeit ist sozusagen eine „zweite Pubertät“, die ohne Ängste vor der Zukunft wie in der ersten (werde ich einen Job finden, wie kann ich meinen Unterhalt verdienen, in welche Richtung soll ich mich spezialisieren? Usw.) und zwar in voller Autonomie und in dem Wissen, ich bin Unternehmer meiner selbst, uns erlaubt auszuwählen, zu tun, was uns reizt, was uns freiwillig gewählte Herausforderung ist.

Diese Chance vergibt derjenige, der sich entschieden hat, dies Zeit nur noch zu genießen, zu reisen, zu ruhen, alles Anstrengende zu vermeiden. Es ist dies ein freiwilliger Verzicht auf Lebenschancen in dieser dritten Phase.

Im Gegensatz zur möglichen jährlichen Vorausschau anlässlich eines Geburtstages geht es hier um den radikalsten

Bruch in einem Lebenslauf: Von einem Tag auf den anderen von 100 auf 0 Prozent, vom großen Verlust der Kontakte mit oft persönlich betrachteten Freunden aus dem Geschäftsleben und dem plötzlichen Gefühl des Nicht-Gebrauchtwerdens betroffen zu sein. Natürlich gibt es Menschen, die ein klares Bild ihrer Zukunft vor Augen haben, die sich vielleicht schon mehrere Jahre auf diesen Umstieg vorbereiten und oft schlagartig auf die neue Vision umsteigen können. Aber das sind wenige, sehr wenige sogar.

Warum braucht man eine Vorbereitung auf diese neue Zeit? Weil es die vielleicht größte Chance im Leben eines Menschen sein kann, wenn sie genützt wird. In Zukunft kann jemand seine Potenziale aus drei Richtungen nützen, wenn er oder sie sich fragen:

1. Was habe ich in meiner Ausbildung gelernt?
2. Was ist meine berufliche Fähigkeit, mein Potenzial?
3. Welche Träume konnte ich in meinem Leben nicht realisieren, weil das Elternhaus mir eine „vernünftigere" Karriere vorgeschlagen hat, weil etwas Anderes damals finanziell nicht möglich war, oder weil man gar nicht wusste, dass das ein Beruf sein könnte.

„Wer gut alt werden will, muss früh damit anfangen"

Aus diesen drei Quellen kann der neue Mix der neuen Tätigkeit bestehen. Wichtig ist dabei die Entdeckung, dass man nicht nur einen Beruf hatte, sagen wir Elektriker oder Einkäufer, sondern welche anderen Fähigkeit ich noch mit diesem Beruf verbinden und vermischen kann. Denn ein Elektriker, der darüber hinaus noch etwas von Wärmeisolierung und Photovoltaik versteht und Englisch spricht, hat ein breiteres Angebot. Je vielfältiger dadurch mein Angebot ist, umso unverwechselbarer bin ich. Wer das erreichen will, braucht meist eine Hilfe dazu. Das kann Literatur sein, es gibt heute eine Unzahl an Büchern zu diesem Thema. Das kann ein Seminar sein, etwa „Den Übergang meistern" für die Planung der Zeit nach der Pension oder „Perspektive 50+" (www.gfp.at), um 5 bis 8 Jahre vor einem Übergang die eigenen Stärken zu entdecken und neu durchzustarten. Das kann aber auch eine persönliche Begleitung, ein Coaching, sein. Allein geht es in den meisten Fällen nicht oder auf jeden Fall nicht so vielfältig.

12. Der zweifelhaft prominente erste Platz ist in Reichweite

In der Debatte um das Pensionsantrittsalter geht es oft um die Frage, ob die Bevölkerung, Parteien oder Sozialpartner für oder gegen eine Anhebung sind. In der Tat wird aber die zentrale Frage sein: „Wie wird das Pensionssystem in Zukunft noch finanzierbar sein?“

Die Warnungen aus Brüssel kommen regelmäßig, und sie fallen mittlerweile ziemlich deutlich aus: „Die langfristige Tragfähigkeit des österreichischen Pensionssystems wird nach wie vor durch strukturelle Schwächen beeinträchtigt“, heißt es in den jüngsten Reform-Empfehlungen der EU-Kommission.

Die 1956-Geborenen sind der erste Babyboomer-Jahrgang, der heuer (2017) in das letzte Arbeitsjahr startet. Damit beginnt in Österreich eine Pensionswelle, in der bis 2034 mehr Personen in Pension gehen werden, als in den vergangenen 60 Jahren. In Zahlen ausgedrückt werden das mehr als 750.000 Menschen sein.

Österreich wendet laut dem aktuellsten Nachhaltigkeitsreport der EU-Kommission die dritthöchsten Ausgaben für Pensionen auf. Mit 12,7 % des Bruttoinlandproduktes (BIP) liegen nur das Pensionssystem Frankreichs mit 13,5 % und das italienische mit etwa 14 % darüber.

Der Ausgabenhöhepunkt wird für die Jahre 2030/2035 prognostiziert. Ab 2020 bis etwa 2040 wird Österreich – anteilsmäßig am BIP – mehr als jedes andere Land in der Europäischen Union für Pensionen aufwenden.

Jene Pensionsausgaben, die nicht durch die Beiträge der Versicherten und deren Dienstgeber abgedeckt sind, werden aus öffentlichen Mitteln bezahlt. 10,2 Milliarden Euro waren es, die der Bund 2014 dem Pensionssystem zugeschossen hat. 2045 wird sich der faktische Zuschuss verdreifachen.

Die Zeit wird knapp. Entweder werden Pensionen künftig sehr niedrig ausfallen, und die Altersarmut steigt. Oder die Beitragszahlungen werden angehoben, was möglich ist, aber der Wettbewerbsfähigkeit schadet. Die dritte Option lautet einfach: länger zu arbeiten.

Fakt ist, dass das reale Pensionsantrittsalter in Österreich weiterhin beträchtlich unter dem gesetzlichen liegt. Fakt ist, dass das niedrigere Antrittsalter für Frauen erst frühestens 2024 angehoben werden soll. Fakt ist, dass das gesetzliche Pensionsalter immer noch nicht an die stetig steigende Lebenserwartung in Österreich geknüpft ist.

Frage 6: *Was geht Ihnen durch den Kopf, wenn Sie diese Berichte, ob von EU oder anderen Stellen, lesen? Mit wem können Sie Ihre Überlegungen austauschen und dann entweder festigen oder loslassen? Bitte nehmen Sie sich dazu ein Blatt Papier und halten Sie die Gedanken fest.*

13. Andere Länder – andere Sitten

Sieht man sich eine Landkarte von Europa an und färbt die Länder nach der Höhe der jeweiligen Beschäftigungsquote der 55 bis 64-Jährigen ein, ergibt sich ein interessantes Bild. Die „Nordländer" Finnland, Schweden, Dänemark oder die Niederlande haben die höchste Quote. Die Mitteleuropäer befinden sich auch hier in der Mitte. Österreich ist eher südeuropäisch angehaucht, was das Pensionsantrittsalter betrifft. Die Südländer haben die niedrigste Beschäftigungsquote.

Konkret heißt das: Während in Schweden die Beschäftigungsquote der 55 bis 64-Jährigen 75 Prozent beträgt, liegt sie in Griechenland (Schlusslicht) bei 34 Prozent. Und Österreich? In der unteren Hälfte eines EU-Rankings arbeiten hier 45,1 Prozent, also um 30 Prozent weniger als die Schweden. Das heißt, hier wäre noch ein Steigerungspotenzial, wenn sich das Bild der Österreicher vom „wohlverdienten Ruhestand" ändert.

Sieht man sich die österreichische Regelung im EU-Vergleich an, genießen die Arbeitnehmer hierzulande einen Sonderstatus. Zwar gehen auch in 14 weiteren EU-Staaten die Männer gesetzlich mit 65 Jahren in Pension, allerdings ist eine Gleichstellung der Frauen in neun Mitgliedsstaaten selbstverständlich. Die Ausnahme der „Hacklerregelung" existiert ebenfalls nur in einigen Mitgliedstaaten. Gemeinsam mit Belgien, Frankreich und Luxemburg sind in Österreich auffallend viele Frühpensionen zu finden.

Die Schweizer wiederum sind europaweit die Einzigen,

die später in Pension gehen, als es das gesetzliche Pensionsantrittsalter vorsieht, nämlich mit 65,7 Jahren. Knapp dahinter folgen die Schweden und die Iren (64,1 Jahre).

Das durchschnittliche Pensionsantrittsalter in Schweden liegt bei etwa 65 Jahren. Damit sind die Schweden im Schnitt fünf Jahre länger im Berufsleben als die Österreicher, die im Durchschnitt mit 60 Jahren in Pension gehen.

Wie ist es dazu gekommen? Schweden war für viele Österreicher stets das Vorbild für einen funktionierenden Sozialstaat, die Sozialleistungen, die dort geboten wurden, waren einmalig. 1994 wurde klar erkannt, wohin dieser Weg führt und die Regierung hat radikale Entscheidungen getroffen. Im schwedischen Modell ist die langfristige finanzielle Stabilität ohne Eingriff der Politik gesichert. Dies geschieht zum einen durch die Anpassung des Pensionsanspruches an die Lebenserwartung: Eine höhere Lebenserwartung führt zu keiner Mehrbelastung für den Staat, weil dadurch automatisch die jährliche Pension sinkt. Aufgrund der direkten Finanzierung (Einzahlungen entsprechen den Auszahlungen) des Pensionssystems schießt der schwedische Staat direkt keine Mittel zu.

Das schwedische System ist für jeden Einzahler und Pensionsbezieher klar durchschaubar. Die soziale Abfederung liegt in der Hand der Regierung, die durch das Festlegen einer Mindestpension und Möglichkeit von Anrechnungszeiten soziale Hilfestellung leisten kann. Die Einfachheit des Systems sorgt für mehr Vertrauen, die Einzahlungen und die zu erwartenden Pensionsansprüche sind klar erkennbar. Das System ist nicht von Zuschüssen aus dem Budget abhängig, die heute von den Steuerzahlern oder morgen von den nachkommenden Jahrgängen bezahlt werden müssen.

Die Schweden entscheiden selbst, mit welchem Alter sie die Pension antreten. Jeder Bürger kann zwischen 61 und 69 Jahren in Pension gehen, und es ist allen zu jedem Zeitpunkt klar, wie hoch die Pension sein wird. Das schwedische Modell zeigt mit größerer Kostenwahrheit auf, welche Konsequenzen längeres bzw. kürzeres Arbeiten hat.

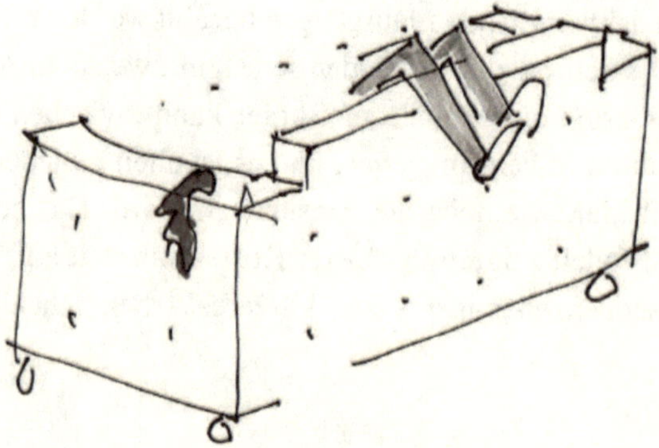

DIE WIRTSCHAFT SCHLÄFT

14. Und was macht unsere Wirtschaft?

Verglichen mit anderen Ländern, die längst erkannt haben, welchen Wert Ältere darstellen, geschieht in Österreich fast nichts. Natürlich sagt kein Unternehmen, dass es nichts mit dem Thema Ältere tut und bringt dann rasch auf die Frage hin Einzelbeispiele (ein früherer Meister führt jetzt zur Zufriedenheit aller Werksführungen durch, in der Lehrlingsausbildung setzen wir bewusst Ältere ein usw.). Die Industriellenvereinigung hat eine Broschüre publiziert, in der 28 Unternehmen beschrieben haben, was sie mit Älteren in ihrem Unternehmen tun. Sieht man sich diese Projekte genauer an, sind es Einzelmaßnahmen, aber keine Gesamtkonzepte, wie das Unternehmen insgesamt den Faktor ältere Menschen gestalten will.

Der Autor kennt kaum Unternehmen in Österreich, die ein wirklich herzeigbares Konzept haben und es auch realisieren. Es fehlen sowohl die Konzepte als auch die Bemühungen, sich mit dieser Zielgruppe intensiver auseinanderzusetzen. Dabei zeigt uns ein Blick auf die demografische Entwicklung, dass keine neuen Babyboomer in Sicht sind, die Jungen immer weniger werden, die Fähigkeiten der Älteren sehr groß sind, und das Thema „Behaltemanagement Älterer“ oder „Senior Retention“ das Thema der Zukunft sein wird. In Deutschland ist dies heute schon der Fall. Wann wird es in Österreich so weit sein?

Auch Unternehmen haben Mythen und glauben daran, ohne realistisch diese zu hinterfragen. Solche Mythen können sein:

- Pensionisten können uns weder nützen noch schaden
- Ältere sind nicht mehr bereit, sich zu engagieren
- Mit ihrem veralteten Wissen können sie uns nichts mehr bieten
- Durch Abbau der Älteren machen wir Platz für Jüngere
- Die Älteren sind zu teuer
- Verrechnungen ihrer möglichen Leistungen sind so kompliziert
- Wir brauchen ein jugendliches Image
- Andere Unternehmen tun auch noch nichts. Es tut scheinbar nicht weh.

Der Mythos, dass Ältere teurer, weniger produktiv und weniger gesund seien, stimmt jedoch so nicht. Das Alter kann auch ein Vorteil sein: Erfahrungswissen, Marktkenntnisse und Kundenkontakte stellen besondere Werte für Unternehmen dar. Ältere Arbeitnehmer haben zum Beispiel ein geringeres Freizeitunfallrisiko und sind laut einer Studie sogar weniger krank. Und kündigen nicht so schnell. Mit dem Alter kommt zwar ein Wandel der Leistungsfähigkeit, jedoch kein Leistungsabfall. Im Gegenteil, Lernbereitschaft und Konzentrationsfähigkeit bleiben erhalten, soziale Kompetenzen wie z. B. Teamfähigkeit nehmen sogar zu.

Zum Glück sind die genannten Mythen nicht für alle Unternehmen ein betoniertes Dogma. Sehen wir uns einen Bereich an, der von vielen als positive Einstellung geteilt wird. Es ist das Thema **„Altersgemischte Teams in der Arbeitswelt“**. Führungskräfte und Personalchefs sind sich einig in der Überzeugung, dass Teams, die aus verschiedenen Altersgruppen stammen, effektiver und effizienter sind. Dabei findet auch stets ein Kontakt und eine wertschätzende Haltung von Jungen gegenüber Älteren und umgekehrt statt. Hier können die spezifischen Fähigkeiten der verschiedenen Altersstufen gut miteinander kombiniert werden: Die Jüngeren setzen auf Geschwindigkeit und die technologischen Erfahrungen, die Älteren können aus ihrer langjährigen Erfahrung heraus viele Umwege ersparen helfen.

Was will ein älterer Mitarbeiter von einem Unternehmen?

- Anerkennung, Wertschätzung, Lob
- Angemessene Entlohnung
- Unterstützung durch den Vorgesetzten
- Zeit für persönliche Gespräche
- Förderung und Weiterbildung
- Positives Betriebsklima
- Gefühl, gebraucht zu werden

Was kann ein älterer Mitarbeiter einem Unternehmen geben?

- Einsatz, Leistung, Motivation
- Positives Denken
- Vorbildwirkung
- Erfahrung, Professionalität
- Verlässlichkeit
- Flexibilität zeitlich und fachlich
- Kommunikationsfähigkeit
- Handschlagqualität

Das sind einige Stichworte, die für Personen bzw. Unternehmen wichtig sind. Werden sie zum Großteil erfüllt, fühlen sich beide Seiten dabei gut.

Was kann ein älterer Mitarbeiter auch nach der Pensionierung anbieten?

- Aufgaben, die sonst niemand (mehr) machen kann
- Tätigkeiten außerhalb des reinen Betriebsablaufes (z. B.: Weihnachtsaktion, Aktionenvorbereitung, Ersatz von Leiharbeitskräften usw.)
- Einbindung bei Marketing- und Verkaufsaktionen, Telefonkontakte bei Sonderaktionen
- Strukturierte Zusammenkünfte von Ehemaligen und Nachfolgern
- Mentoring für (jüngere) Führungskräfte
- Serviceleistungen für Dienstautos, Bürogeräte-Wartung
- Werksführungen, Ausbildung von Lehrlingen
- Biographie des Unternehmens schreiben
- Imageträger für Firma: Ruf des Unternehmens aktiv verbreiten, im Privatkreis werben
- usw.

Was muss ein Unternehmen tun, wenn es das Potenzial der Älteren nützen will?

1. Eine deutliche Aussage der Unternehmensleitung, dass das Unternehmen die spezifischen Fähigkeiten der älteren Mitarbeiter braucht. Z. B. eine Erklärung des Geschäftsführers, dass das Unternehmen diese Überzeugung hat.

2. Einige ältere Mitarbeiter mit Erfahrung in einer Arbeitsgruppe („Task Force") die Felder suchen lassen, in denen diese Zielgruppe ganz besonders ihre Erfahrungen einbringen kann.
3. Unterstützt kann dieser Prozess durch Vorträge, Umfragen, Diskussionen und Artikel (etwa in der Firmenzeitung) werden.
4. Die dabei gesammelten Erfahrungen in der Öffentlichkeit präsentieren und so den Wert des Unternehmens steigern. Motto: Schaut her, was wir machen.

Frage 7:

- *Wenn Sie noch nicht in Pension sind: „Was kann ich dazu beitragen, dass unser Unternehmen so denkt?"*
- *Wenn Sie in Pension sind: „Was könnte ich meinem bisherigen Unternehmen an Leistung anbieten, die diese vielleicht ohne mich nicht erhält?"*

Erfolg ist nicht abhängig vom Alter, sondern von der Einstellung und den Kompetenzen des Einzelnen – und dem, was das Unternehmen hieraus macht.

Das Ausland macht es uns wieder vor! Deutschland hat bereits erkannt, dass uns der demografische Wandel vor Herausforderungen stellen wird. Deutsche Unternehmen setzen schon jetzt auf Altersvielfalt und fördern altersgemischte Teams, weil sie häufig erfolgreicher sind. „Die Stärken jüngerer Mitarbeiterinnen und Mitarbeiter bedeuten nicht die Schwächen älterer Mitarbeiterinnen und Mitarbeiter und umgekehrt."

HABE AUCH ICH POTENZIAL?

15. Die Potenziale sind unser wichtigstes Kapital

Sträflich wirkt sich folgender Satz aus: **„Das kann ich nicht“**. Da steckt möglicherweise eine Falle in dieser Aussage. Sicherlich kann ein Pensionist nicht mehr alles machen. Da muss man auch realistisch sein oder lernen, es zu sein. Aber in vielen Fällen kann man auch sein Hirn strapazieren, denn auch das funktioniert ähnlich einem Muskel: Use it or lose it. Je mehr wir unser Hirn strapazieren, umso länger bleibt es handlungsfähig. Erfolg kennt kein Alter!

Wir haben schon über die Potenzialorientierung gesprochen. Es ist leider ein sperriges Wort und noch dazu viel schwieriger zu realisieren als die Suche nach Fehlern bzw. nach etwas, was andere haben oder können. Weiter oben haben wir schon über die „Defizitorientierung“ gesprochen, die zumindest das Schulsystem der vergangenen Jahrzehnte geprägt hat. Wir haben uns aber so daran gewöhnt, dass wir gar nichts daran finden. Wer eine neue Mitarbeiterin oder einen neuen Mitarbeiter als Ersatz für eine zu ersetzende Person anstellt, wird sehr leicht Stärken der ausgeschiedenen Person als Leitlinie für den Nachfolger oder die Nachfolgerin ansehen, obwohl diese Fähigkeiten vielleicht nur ganz selten benötigt wurden. Etwa: Die Vorgängerin konnte einen Brief in italienischer Sprache schreiben. Aber, Hand aufs Herz, das war nur zweimal im Jahr notwendig. Das ist ein Teil der Defizitkultur, die wir nur schwer abbauen können. Der Blick auf die neuen Stärken, der durch die Neubesetzung ins Unternehmen kommt, ist zunächst meist

„getrübt“, weil uns vielfach der Blick auf das Potenzial, die Potenzialorientierung, fehlt.

In jeder Altersphase ist es empfehlenswert, sich mit den eigenen Stärken zu befassen. Was sind meine Assets, was kann ich anbieten, was kann ich besonders gut, was begeistert mich, wenn ich es tun kann? Auf diese Frage gibt es nicht eine einmalige Antwort, sondern sie sollte immer wieder gestellt werden, damit das eigene Stärkenprofil laufend geschärft werden kann. Leider springen uns immer wieder Defizite mehr ins Blickfeld, ein Vergleich mit anderen Kollegen zeigt sehr oft auf, was man selbst nicht kann. Aber ist das schon ein wirkliches Defizit? Aufwiegen kann das nur die Bewusstheit über die eigenen Stärken.

In Seminaren für Menschen vor dem Übergang in die Pension erlebt der Autor auf die Frage „Was ist bei Ihnen mit dem Älterwerden mehr geworden“ zunächst meist eine Schockstarre, wie man so etwas gefragt werden kann. Denn wir wissen genau, was weniger geworden ist, was wir nicht mehr so gut können oder was wir mit den neuesten Technologien und Medien nicht beherrschen. Aber die eigenen Stärken, die erst jetzt zur Verfügung stehen, fallen diesen Personen in der Regel nicht ein. Ein Beispiel: Nach einigem Nachdenken berichtet ein Teilnehmer, dass ihm eben bewusst geworden sei, was er jetzt kann. Er sagte: „Wenn ein Mitarbeiter im Team, der vor Karrieresucht strotzt, außertourlich eine Gehaltserhöhung von mir fordert, dann weiß ich, was ich sagen kann“. Stellt man sich vor, wie junge Führungskräfte in so einer Situation innerlich und auch äußerlich schwitzen, spürt man rasch, wie notwendig der

Austausch von Erfahrungen sein könnte. Denn junge Führungskräfte fühlen sich in so einem Fall jedenfalls als fast sichere Loser: Geben sie die Erhöhung diesem Mitarbeiter, ist das Team kaputt. Geben sie diese nicht, kündigt vielleicht dieser zukünftige Star, und alle im Unternehmen fragen, ob das nicht zu verhindern gewesen wäre.

Ein kleines Beispiel für das Nützen von Potenzialen: Ich war kein guter Schüler, das wurde mir mehrfach klar vermittelt. Latein und Griechisch waren die dominanten Fächer, und darin war ich schwach. Aber ich hatte im Gymnasium gelernt, wie man zerschlissene Bücher wieder neu binden kann. Darin hatte ich eine Fertigkeit entwickelt, sodass viele Mitschüler auch höherer Klassen zu mir gekommen sind, um sich ihre Bücher – damals gab es noch keine kostenlosen Schulbücher – binden zu lassen. Die zweite Stärke, mit der ich kompensieren konnte, war das Fotografieren. Von allen Schulveranstaltungen habe ich Fotos gemacht und diese weiter vermarktet.

BIN ICH UNTERNEHMER MEINER SELBST?

16. Chancenmanagement am Übergang in die Pension

„Wollen wir vermeiden, dass das Alter zu einer spöttischen Parodie unserer früheren Existenz wird, so gibt es nur eine einzige Lösung, nämlich weiterhin Ziele zu verfolgen, die unserem Leben einen Sinn verleihen: das hingebungsvolle Tätigsein für Einzelne, für Gruppen oder für eine Sache, Sozialarbeit, politische, geistige oder schöpferische Arbeit ... Das Leben behält einen Wert, solange man durch Liebe, Freundschaft, Empörung oder Mitgefühl am Leben der anderen teilnimmt."

Simone de Beauvoir 1977

Es geht um die Realisierung unserer Chancen, um die Nutzung dessen, was wir alles anzubieten haben.

Wir haben im Kapitel mit den Lebensphasen bereits festgestellt, dass die bisher unbekannte und erstmals von der Menschheit nutzbare 3. Phase mit dem Herbst und dem Einbringen der Ernte in unsere Scheune verglichen werden kann. Dies berechtigt uns, uns zunächst einmal darüber zu freuen: dass wir diese Ernte einbringen konnten, dass aus unserer Arbeit etwas geworden ist. **Es ist ein echter Grund zur Freude.** Das dürfen wir nicht einfach abtun, indem wir uns fragen, ob das wirklich viel ist, oder ob nicht ein anderer mehr hat. Wir haben das Recht, uns darüber zu freuen.

Und jetzt geht es um die Frage, wie jeder von uns das alles nützen kann. Dazu eine kleine Hilfe, ein sogenanntes

Tool, damit wir möglichst weit und breit denken und agieren können. Wie kann man die Chancen seines Lebens konkret erfassen und übersichtlich darstellen?

In vielen Seminaren hat sich dazu eine Matrix als ideale Darstellungsform aller Möglichkeiten bewährt. Wollen Sie es probieren? Dann nehmen Sie am besten ein kariertes Blatt Papier, legen es im Querformat vor sich hin und beginnen in der linken Hälfte mit der Überschrift „Mein Angebot, meine möglichen Funktionen" und schreiben darunter alle möglichen Berufe oder Funktionen, die Sie sich vorstellen können. Vergessen Sie dabei bitte nicht Ihren eigenen Beruf oder die Berufe, die Sie in Ihrem Leben ausgeübt haben. Denken Sie auch nach, welche Jobs Ihnen liegen könnten und lassen Sie sich dabei vielleicht von Freunden und Beratern herausfordern, damit die Liste länger wird. Als Vorlage nehmen Sie am besten die untenstehende Tabelle.

In den zwei rechten Dritteln Ihres Blattes schreiben Sie die Überschrift „Wer auf der ganzen Welt braucht mich?" In diese Kästchen schreiben Sie zum Beispiel (Platz sparend eher senkrecht) ihren bisherigen Dienstgeber, andere(s) Unternehmen, Selbständigkeit, Kommune, Bund, Entwicklungshilfe, internationale Organisationen, NGO's und andere Abnehmer, und schreiben Sie konkrete Abnehmer, an die Sie denken, hinein. Denken Sie dabei wirklich weltweit. Jetzt beginnt die spannende Arbeit, welche ihrer Funktionen oder Job-Angebote sich mit welchem Abnehmer realisieren lassen können. Dort, wo dies möglich ist, machen Sie jeweils ein X oder Kreuz.

Frage 8: *Zeichnen Sie sich die Tabelle ab und tragen Sie Ihre Antworten ein. Nicht nur einmal rasch und oberflächlich, sondern öfters und am besten nach Kontakt mit Freunden, Beratern, ehemaligen Vorgesetzten usw. So wird die Liste umfassend.*

Was kann ich anbieten / Angebot/Tätigkeit	Stärken [1]	Bedürfnisse [2]	Abnehmer – Wer braucht mich? Jetzige Firma	Firma X	Selbstständig	Kommune	Entwicklungshilfe	Politik	Soziale Einrichtung	Kirchliche Einrichtungen	x	x	x	x	x
Jetzige Funktion	+	–													

1) Stärken, die ich habe
2) Bedürfnisse, die ich habe

Sie sehen jetzt in dieser Matrix, welche Ihrer Job-Ideen sich mit welchem Abnehmer verbinden lassen. Je mehr Knotenpunkte, die zutreffen, also mit einem Abnehmer verbunden sind, umso spannender wird Ihr Angebot. Sie können sich anschließend noch fragen, ob Sie mit einem Jobangebot (Beruf) Stärken bei sich selbst sehen und sich fragen, ob Sie auch das Bedürfnis spüren, in dieser Richtung etwas zu tun. Diese zwei Prüffragen sind sozusagen eine **„Checklist gegen Tagträume“.** Denn wenn Sie eine Stärke bei einer Tätigkeit feststellen können, aber nicht das Bedürfnis spüren, diese Fähigkeiten zu nützen, trennen Sie sich von dieser

Idee. Umgekehrt ist es ebenfalls ein zu löschendes Angebot, wenn Sie zwar das Bedürfnis danach spüren, aber feststellen müssen, dass Sie dazu die Stärke nicht haben. Ein Beispiel dazu zum Thema Fußballer. Jemand hat das dringende Bedürfnis, gegen Deutschland in der letzten Sekunde das entscheidende Tor zu schießen und 70.000 begeisterte Zuschauer jubeln zu sehen, aber wenn er seine Stärken ansieht und feststellen muss, dass er den Ball selbst ohne Fremdeinwirkung nur schwer über die Distanz des Spielfeldes bringt, ist es wohl besser, die Finger davon zu lassen.

17. Role Models – Vorbilder oder Einzelfälle?

Jeder und jede von uns kennt eine mehr oder minder große Zahl von Menschen, die auch im hohen Alter noch tätig sind, überraschende Leistungen oder Entwicklungen erbringen und dabei noch Freude ausstrahlen.

Ich hörte einmal, dass mein Dissertationsvater bereits über 100 sei und sich freut, wenn man ihn besucht. Das habe ich versucht und ihn tatsächlich sprechen können. Vorher hatte ich noch nie einen 100-Jährigen getroffen. Beeindruckt war ich von der Gesprächsführung, denn er fing sofort an, mich zu fragen, was ich nach der Promotion gemacht hätte, statt mir zu erzählen, wer sich wie falsch ihm gegenüber benommen habe. Und er klickte sich immer wieder ein, wenn er eine Person kannte oder fragte nach Personen, die zu dieser Zeit in meinem Tätigkeitsbereich gelebt haben. Mit 103 Jahren ist er dann von dieser Welt gegangen, aber vor diesem Geburtstag schickte er mir noch ein Foto von seiner Geburtstagsfeier, zu der einige seiner Assistenten gekommen waren, die aber zu diesem Zeitpunkt schon längst in Pension waren. Es war Univ. Prof. Dr. Hans **Krasensky** von der damaligen Hochschule für Welthandel.

Aber es gibt noch mehr Menschen, die ich in meinem Leben kennen gelernt habe, die meine Entwicklung mehr oder minder stark beeinflusst haben und die ich Ihnen hier – pars pro toto – vorstellen möchte:

Heinrich **Wallnöfer** (97) ist Zeit seines Lebens aktiv. Im Krieg im Widerstand engagiert, wurde er noch vor seinem

Medizinstudium Leiter der Volkshochschule Urania und kam dann mit I. H. Schultz, dem Erfinder des Autogenen Trainings 1955 in Kontakt. Seither hat ihn diese Philosophie und Überzeugung nicht verlassen. Ich habe bei ihm Zugang zum Autogenen Training gefunden und viele Jahre seine Manager-Sommerkurse in Klöstern besucht. Ich verdanke ihm bei meiner persönlichen Entwicklung sehr viel. Wallnöfer sagte einmal: Wenn einmal niemand mehr in meine Ordination kommt, höre ich auf. Aber die Ordination ist auch heute noch voll.

Kardinal König (1956 zum Erzbischof von Wien berufen) stand international in hohem Ansehen. Am 13. Februar 2002 konnte er sein Goldenes Bischofsjubiläum feiern. In Erinnerung bleibt das Engagement Königs im Blick auf die Annäherung zwischen den Ostkirchen und der Römisch-katholischen Kirche sowie seine Verdienste um die Ökumene und die österreichische Gesellschaft. Bis zu seinem 80. Lebensjahr leitete König die Erzdiözese Wien, mit fast 99 Jahren ist er 2004 verstorben. Ich habe ihn öfters getroffen, einmal, wie er versucht hatte, den slowakischen Bischöfen das „2. Vatikanische Konzil" und seine bahnbrechenden Erkenntnisse in Nitra näher zu bringen. Dass ihm das kaum gelungen ist, konnte er wegstecken.

Nicht persönlich kennen gelernt habe ich Margot **Opferkuch**. Sie ist die wahrscheinlich älteste „Jungunternehmerin" Österreichs. Sie eröffnete mit 80 Jahren, nach 13 Jahren Wartezeit auf die Konzession, ihre Apotheke in Salzburg. In einem Interview sagte sie, sie sei „voller Elan", schließlich werde nun ihr Lebenstraum wahr. Über die Pension dachte sie noch nie ernsthaft nach.

Denken Sie einfach an Otto Schenk, Elfriede Ott, Hugo Portisch, Carl Manner, Gerd Bacher oder an Helmut Lohner, Karl Wlaschek, Elisabeth Schwarzkopf, Leopold Rosenmayr, um nur einige zu nennen. Sie alle haben nicht die Hängematte gesucht, sondern viele Herausforderungen. Täglich kann man in den Zeitungen Meldungen lesen, wie und was noch andere alte und sehr alte Persönlichkeiten zu leisten imstande sind.

Wenn Sie sich ein wenig umsehen, finden Sie in Ihrer Umgebung viele Personen, die es ähnlich handhaben und die ein Vorbild für Sie sein können. Seniors4success hat unter seinen Newsletter-Beziehern eine Umfrage durchgeführt und eingeladen, „Spannende Lebensgeschichten“ niederzuschreiben. Mit Hilfe eines Rasters hatten diese Menschen Gelegenheit, ihre Geschichte zu formulieren. Die eingehenden Lebensgeschichten wurden gespeichert und stehen auf Anfrage Journalisten, die solche Lebensläufe suchen, nach Rücksprache mit dem Verfasser zur Verfügung.

Wann werden Sie Ihre „Spannende Lebensgeschichte“ schreiben?

ES GEHT UM MEINE ZUKUNFT

18. Ausblick auf Ihre Zukunft

Nicht alle Menschen haben die Chance, Ihre Zukunft frei wählen zu können, weil sie vielleicht krank sind, an einem chronischen Leiden laborieren oder sonst wie nicht frei sind zu planen.

Aber der überwiegende Teil der Menschen hat die Möglichkeit, selbst zu entscheiden, was nach dem Übergang in die Pension geschehen soll und sich eine Vision zu suchen.

Das ist die Chance, die sich auftut wie kaum zuvor: Sie sind fit und fähig, etwas zu gestalten, eine Herausforderung anzunehmen, sich für andere zu engagieren oder mit anderen Worten, den Sinn Ihres Lebens zu suchen und diesen Weg zu gehen.

Es liegt also fast immer in Ihrer Hand, von Ihrer Entscheidung hängt es ab, wie es Ihnen in der Pension gehen wird. Über „Lust“ oder „Frust“ entscheiden Sie, Sie haben die Wahl. Überprüfen Sie die vielfachen Verlockungen und Verführungen, die uns heute das politische System bietet dahingehend, dass Sie sich fragen, wie die Alternative für Sie aussieht. Entscheiden Sie sich selbst!

Es liegt in Ihrer Hand.

Ich wünsche Ihnen eine gute Zeit dabei.

Leopold Stieger

Prof. Dr. Leopold Stieger ist der Pionier der Personalentwicklung in Österreich. Er hat 1972 die „GfP – Gesellschaft für Personalentwicklung“ gegründet. Nach der Übergabe dieses Unternehmens an seine Söhne im Jahre 2004 hat er neu durchgestartet und die Plattform Seniors4success ins Leben gerufen. Damit konzentriert er sich auf die Zielgruppe „Menschen rund um die Pensionierung“ mit der klaren Absicht, allen die Chancen im Zuge des Übergangs nach der reinen Berufstätigkeit in die neue Lebensphase bewusst zu machen. Er bezeichnet dies als sein soziales Engagement, um dem Land etwas davon zurückzugeben, was er dankenswerterweise erhalten hat. Nach seiner humanistischen Ausbildung studierte er Betriebswirtschaft an der damaligen Hochschule für Welthandel und promovierte 1965. 2005 wurde ihm der Berufstitel „Professor“ vom Bundespräsidenten für seine Verdienste als Pionier und Erfinder der Personalentwicklung verliehen. Sein Leitbild ist „Erfolg durch bewusste Selbstentwicklung“.

Die Cartoons diese Buches stammen von Architekt **DI Kristian Philipp** aus St. Michael im Lungau. Nach seiner Pensionierung entdeckt und nützt er sein Talent zur spitzen Feder unter seiner Signatur „krifi“. Er bereichert das Buch mit der Schärfe eines Karikaturisten und macht es verständlicher und lesenswerter.